Der Mann, der Löwen mochte

John Bernard Daley

Alpha-Editionen

Diese Ausgabe erschien im Jahr 2023

ISBN: 9789359253152

Herausgegeben von
Writat
E-Mail: info@writat.com

DER MANN, DER LÖWEN MOLLTE

VON JOHN BERNARD DALEY

DER MANN, DER LÖWEN MOLLTE
VON JOHN BERNARD DALEY

Mr. Kemper lehnte an der Reling und beobachtete die eingesperrten Löwen, die in der Augustsonne schliefen. An seiner Seite hob eine Frau ein winselndes kleines Mädchen auf ihre Schulter und sagte: „Hör auf damit! Schau dir die Löwen an!" Dann bewegte sie das Mädchen auf und ab. Der Löwe öffnete seine gelben Augen, hob seinen Kopf zwischen seinen Pfoten hervor und gähnte. Sofort legte das Mädchen die Finger auf ihr Gesicht und begann zu weinen. "Den Mund halten!" sagte die Frau. „Halten Sie jetzt den Mund, sonst sage ich dem großen Löwen, er soll Sie auffressen!" Das Mädchen blickte durch ihre Finger und sagte: „Löwen fressen keine kleinen Mädchen." Die Frau schüttelte sie. „ Natürlich tun sie das! Ich habe doch gesagt, dass sie es tun, nicht wahr?"

„Löwen fressen selten Menschen", sagte Herr Kemper. Mit all ihren zweihundert Pfund drehte sich die Frau zu ihm um. "Also!" Sie sagte. Das Wort hing wie ein Eiszapfen in der warmen Luft, aber Mr. Kemper wischte es beiseite. „Nur alte Löwen greifen zu Menschenfleisch. Außer natürlich dem berühmten Vorfall mit den Tsavo-Menschenfressern." Die Frau zog ihren Arm fester um das Mädchen, den Ellbogen nach oben, als wollte sie ihn abwehren. „Komm schon, Shirl", sagte sie. „Lass uns einen Blick auf die Tagger werfen." Und mit einem warnenden Blick über die Schulter sprang sie von der Reling weg. Ein großer Mann mit einer nicht angezündeten Zigarette im Mund nahm ihren Platz ein.

Während ihr breiter Rücken den Weg entlang schwankte, fragte sich Mr. Kemper, ob sie eine besondere Intuition für ihn hatte, wie Hunde, deren Nasen sie warnten, dass er nicht ganz der Typ Mann war, den sie gewohnt waren. Frauen, insbesondere solche mit Kindern, schienen so zu denken. Er sah ihr nach, als er ging, und kam zu dem Schluss, dass sie für das, was er vorhatte, nicht geeignet war.

Zwei Dinge geschahen gleichzeitig und unterbrachen seine Gedanken. Der große Mann neben ihm klopfte ihm auf die Schulter und bat ihn um ein Streichholz; Gleichzeitig sah Kemper direkt hinter der sich zurückziehenden Frau einen Mann in einer Tweedjacke und grauen Hosen , der ihn beobachtete. Eine Sekunde lang starrten sie einander an und Kemper spürte, wie eine Gedankensonde schnell gegen seinen Schild schoss. Er zog den Schild fester und wartete. Der Mann war wie Kemper stark gebräunt, hatte ungewöhnlich große Augen und einen dolichozephalen Kopf. Er hatte bemerkenswerte Wangenknochen; Sie schienen sich nach vorne zur Mitte seines Gesichts hin zu neigen, das am Kiefer sehr schmal und lang war. Er sah Mr. Kemper sehr ähnlich, so wie ein Kaukasier für einen Eskimo wie ein anderer aussieht. Sein Blick wanderte von Kemper zum Löwenkäfig; dann drehte er sich etwas zu beiläufig um. Der Atem zischte leise zwischen Mr. Kempers Zähnen.

Der große Mann sagte: „Hey, Kumpel, ich habe gefragt, ob du ein Streichholz hast?"

„Was? Nein, ich rauche nicht." Seine Gedanken rasten, als er vor dem Löwenkäfig stand. Der braungebrannte Mann hatte sich abgewandt, offensichtlich wollte er ihn nicht kontaktieren, aber warum? Er wusste, wer Kemper war; Daran bestand kein Zweifel. Mit leichtem Stirnrunzeln betrachtete Herr Kemper die zerkauten Stücke Pferdefleisch und Knochen auf dem Käfigboden und die vibrierenden Fliegen. Die einzig logische Antwort war, dass der Mann auf Verstärkung wartete. Wahrscheinlich nahm er jetzt schon Kontakt zu den Drei Räten auf. Dennoch gab das Kemper eine vernünftige Chance; Es dauerte eine Weile, bis selbst die mächtigsten Geister den Pfaden der Zeit folgten. Neben ihm redete der große Mann wieder. „Geht es dir gut, Kumpel? Du sahst da plötzlich irgendwie weit weg aus. Vielleicht solltest du rüber in den Schatten gehen."

„Überhaupt nicht. Ich habe nur an etwas gedacht."

"Ja?" Der Mann nahm die Zigarette aus dem Mund und steckte sie in die Hemdtasche. „Sagen Sie mal, ich habe Sie sagen hören , dass breite Löwen dort keine Menschen fressen. Bist du dir da sicher?"

„Ganz sicher. Schau sie dir an. Glaubst du, dass sie für ihre Nahrung auf etwas angewiesen sein müssen, das so langsam ist wie der Homo Sapiens?" Mit einem anderen Teil seines Gehirns fragte er sich, wie viele Männer geschickt werden würden, um ihn zurückzuholen. Es gab jedoch einen Punkt, der zu seinen Gunsten sprach. Er hatte nichts zu verlieren.

„Ich weiß es nicht, Kumpel. Alles, was ich jemals sehe, ist, dass sie schlafen. Sie liegen immer auf ihren dicken Rücken, so wie jetzt."

„Nun, das ist nicht ungewöhnlich. Löwen schlafen tagsüber und jagen nachts."

„Ja? Was zum Teufel ist das denn? Der Zoo schließt um 17:30 Uhr, nicht wahr?"

Kemper sah ihn leidenschaftslos an. Er dachte: „Du Narr, was würdest du sagen, wenn du wüsstest, dass du mit einem Mann sprichst, der vor einer Million Jahren deine Affenvorfahren durch die Wälder gejagt hat? Könnte dein Schweinehirn das akzeptieren?"

Der Mann gab ihm erneut einen Stoß auf die Schulter. „Sehen Sie sich diesen Großen mit den schwarzen Strähnen im Haar an.

Ist er nicht was? Warum springt er da nicht herum wie die Schimpansen?"

„Vielleicht weiß er nicht, dass das von ihm erwartet wird", antwortete Kemper und hoffte, dass die Ankunft des Mannes in der Tweedjacke seinen aktuellen Sport nicht beeinträchtigen würde.

„Weißt du, ich würde gerne sehen, wie ein paar dieser Babys das Ganze verwechseln. Wie der Löwe gegen den Tiger vielleicht. Wer würde deiner Meinung nach überhaupt einen solchen Streit gewinnen?"

„Der Löwe", sagte Herr Kemper. Er beschloss, dass das Spiel weitergehen würde; Eine Idee begann in seinen Gedanken zu kratzen. Er blickte sich mit, wie er hoffte, verschwörerischer Miene um und rammte dem großen Mann den Ellbogen in den Bauch. „Hören Sie, Sie würden doch gerne etwas Action sehen, nicht wahr? Angenommen, Sie wären in, sagen wir, zwei Stunden hier. Um drei Uhr."

„Ja? Was für eine Aktion? Du willst mich nicht veräppeln, oder, Kumpel?"

Mit einem Achselzucken blickte Herr Kemper auf die Fliegen, die im Käfig herumschwärmten. „Es ist nur ein Tipp. Nimm es oder lass es, Kumpel." Er drehte sich um, streifte den finster dreinblickenden Mann und verließ die Reling. Obwohl es heißer wurde, lief er in der Sonne über den Zementboden und mied den Schatten der hohen Hecken gegenüber der Käfigreihe. Er ging zur Treppe, die vom Löwenhof zur Terrasse führte, auf der das zentrale Zoogebäude stand. Hinter dem Gebäude befand sich die Hauptanlage; Der Zoo selbst war terrassenförmig entlang zweier Hügel angelegt, mit weiteren Hügeln in der Ferne. Es war kein großer Zoo und auch kein gutes Versteck. Aber Herr Kemper hatte nicht die Absicht, sich zu verstecken.

In den Käfigen, an denen er vorbeikam, befanden sich andere Katzen: Geparden, Leoparden, Pumas und Tiger, die mit wogenden Flanken lagen oder mit roten Zungen auf dem Steinboden räkelten. Sie hatten sich, außer der Größe, nicht allzu sehr verändert, entschied er. Sogar der Löwe mit der Streifenmähne war im Vergleich zu den Löwen, die Kemper gekannt hatte, kümmerlich. Er ging zum Trinkbrunnen neben der Treppe, die Sonne im Gesicht. Er war fast versucht, verächtlich hinaufzustarren. Als er sich über den Brunnen beugte, nahm er zwischen den Gerüchen von Popcorn, Wurzelbier und Eiscreme und dem Schweißgestank der Menschen den staubigen Geruch der Katzen wahr. Er richtete sich auf, wischte sich die Lippen ab und erinnerte sich an die düsteren Dschungel des Pliozäns, schwarzgrün in der Sonne, die wie eine Faust gegen deinen Kopf war; die Ebenen aus speerhohem, gelbem Gras, das sich bis zum Horizont erstreckt; und in den Hügeln die Löwen mit Fellen wie gehämmertes Messing, die tödlichen, brüllenden Löwen. Mit dem Geruch dieser staubigen Löwen im Mund erinnerte er sich auch an die Städte seines Volkes, der stolzen Menschen, die die Geheimnisse der Zeit durch die Wissenschaft ihres Geistes entdeckt hatten, eine Wissenschaft, die der Welt, in der er sich jetzt befand, unbekannt war . Er schaute langsam nach oben und sah den Mann in der Tweedjacke oben auf der Treppe stehen.

Als sich ihre Blicke trafen, forschte Kemper mit einem pfeilschnellen Gedanken nach, aber der andere hatte seinen Gedankenschutz hochgezogen. Der Mann drehte sich um und ging hinter eine Gruppe von Frauen. Der Mann war verschwunden, als Kemper oben an der Treppe ankam. „So wollen Sie es also", sagte er und sah sich um. Vom oberen Ende der Treppe führten zwei Bürgersteige ab; Einer ging den Hügel hinauf zur Voliere, der andere um den Südflügel des Gebäudes herum. Er nahm den, der den Flügel abrundete. „Ich bezweifle allerdings", sagte er, „ob wir den ganzen Nachmittag Guck-Guck spielen werden." Eine alte Dame, die auf dem Weg zuckte, warf ihm im Vorbeigehen einen bösen Blick zu.

Er ging am Zebrapferch vorbei, wo ein kleiner Junge Steine aufsammelte, und bog in den Seiteneingang des Flügels ein. Er ging den düsteren Korridor entlang, bog bei der Herrentoilette links ab, dann rechts und wieder links und gelangte schließlich zu einem kleinen Hof, der teilweise durch eine Verlängerung des Flügels vom Hauptgehege verdeckt war. Im Hof befand sich nur ein einziges Ausstellungsstück, ein Biberbecken, das von einer hüfthohen Steinmauer umgeben war. Zwei Jungen im Teenageralter lagen ausgestreckt auf der Wand; ansonsten war der Ort verlassen. Herr Kemper musterte die Jungen. Hier gab es Wild nach seinem Geschmack. Er ging hinüber und setzte sich auf eine Bank in der Sonne.

Die Jungen, Zwillinge in Levis , Sattelschuhen, T-Shirts und langen Haaren, beugten sich über den Pool. Es war etwas Seltsames an den Handlungen des Blonden, der gefährlich nahe am Wasser kippte. Er bewegte sich krampfhaft, und Mr. Kemper sah das Flackern des Sonnenlichts auf dem langen Stock, den er wie einen Speer in der Hand hielt, und hörte ein Platschen. Fluchend richtete sich der Junge auf, ließ sich von der Wand fallen und schüttelte das Wasser vom Stock. „Du hast es verpasst", sagte der andere.

„Ich werde die Plattschwanzratte zeigen", sagte der blonde Junge. Aus einer Gesäßtasche nahm er ein Taschenmesser und klappte es auf, und aus einer Seitentasche ein Stück Schnur. Mit schnellen, brutalen Drehungen begann er, den Messergriff an das Ende des Stocks zu binden. Er machte zwei Knoten und sagte: „Mann, sieh dir das an. Das wird es halten, Mann."

„Was ist mit der Katze auf der Bank da drüben? Was ist, wenn er uns sieht?"

„Er? Was ist , wenn er es tut? Wir kommen mit ihm klar. Wie auch immer, er hat die Augen geschlossen, oder ?"

Die Sonne kribbelte auf Mr. Kempers Ohren, während er mit halb geschlossenen Augen zuhörte. „Okay, gib mir viel Platz an der Wand", sagte der blonde Junge. Stoff kratzte auf Stein. Dann schloss Herr Kemper die Augen und machte in der Dunkelheit seines Geistes ein Bild, ein kleines, helles Bild, das er sofort auslöschte, nachdem es entstanden war. Am Pool klapperte Metall auf Stein.

Der blonde Junge schrie: „Hey, warum hast du mich geschubst? Schau mal, was du getan hast!"

„Ich? Ich habe dich nie angefasst, du Idiot!"

„Zum Teufel, das hast du nicht getan. Schau dir dieses verdammte Messer an!"

Mr. Kemper öffnete die Augen und betrachtete die Teile der Messerklinge, die an den Füßen des Jungen verstreut lagen, und etwas abseits den zerbrochenen Stock. Er lächelte, setzte sich wieder auf die Bank und lauschte dem Streit. Die Jungen schrien und wedelten mit den Armen, aber das war alles. Was ihre Beschimpfungen anbelangte, hatte er das Gefühl, dass es ihnen an Originalität mangelte; er hatte es schnell satt. Er stand von der Bank auf und ging auf sie zu. Der Streit hörte auf.

Sie sahen ihn mit kalten, arroganten Augen an. „Hallo", sagte er.

Sie schauten weg. „Hörst du etwas, Mann?" sagte der blonde Junge.

„Nichts, Jack, nichts", antwortete der andere.

Das Lächeln auf Mr. Kempers Gesicht war sein bestes, sein freundlichstes; es hatte ihn stundenlanges Üben vor Spiegeln gekostet. „ *Affen, eure Väter waren nicht arrogant, als sie schreiend auf unseren Speeren starben. Sie waren nicht dreist, als unsere Jagdkatzen ihnen die Bäuche aufrissen.* " Laut sagte er: „Wissen Sie, ich bin hier ein Fremder und ich dachte, Sie wären es vielleicht auch." Kann mir helfen. Was ist denn heute um drei Uhr im Löwenkäfig los?"

„ Von einem Löwenkäfig haben wir noch nichts gehört, Papa. Wir haben unsere eigenen Probleme."

„Ja, unsere eigenen Probleme. Verschwinde, Papa."

„Es hörte sich sehr interessant an, etwas über den großen Ärger in den Käfigen."

Die Jungen hoben die Augenbrauen und sahen sich von der Seite an. Der Blonde sagte: „Ich habe dir gesagt, du sollst verschwinden, Papa. Nimm fünf. Du weißt schon, verschwinde von hier."

Herr Kemper sagte: „Tja, trotzdem vielen Dank" und lächelte immer noch, als er sie verließ.

Als er das Hauptgehege erreichte, war es heißer, aber für seine Verhältnisse immer noch kühl. An einem Imbissstand bestellte er einen Hotdog mit Senf. Während er wartete, an die Theke gelehnt, sah er den Mann in der Tweedjacke inmitten einer

Gruppe von Menschen, die auf den Elefantenhof zugingen. Er bezahlte den Hot Dog, hob ihn auf und ging den Weg entlang, wobei er die Jacke im Blick hatte.

Der Mann im Tweed ging an den Elefanten vorbei, vorbei an Giraffen und Zebras, dann um den Südflügel des Gebäudes herum. Er ging den Weg zur Voliere hinauf, Kemper nicht weit dahinter. Oben auf dem Hügel blieb der Mann vor der Voliere stehen. Es handelte sich um eine weitläufige Einzäunung, die von dreißig Fuß hohen Gittern umzäunt war. Im größeren Teil befanden sich unzählige Enten, Kraniche, Möwen und andere harmlose Vögel; Davon abgeschirmt hockten Adler, Geier und Kondore auf geschnitzten Balkonen. Von der Hügelkuppe aus hatte man einen schönen Blick auf das darunter liegende Zoogelände. Der Mann in der Tweedjacke drehte sich um, anscheinend um den Hügel hinunterzuschauen, blickte aber stattdessen direkt zu Mr. Kemper, der ein paar Meter entfernt stand.

Keiner von ihnen sagte etwas. Der Mann im Tweed schien verlegen zu sein. Herr Kemper biss in den Hotdog und kaute nachdenklich. Nach einer Weile sagte er: „Ich denke, ich sollte Sie erkennen, aber das tue ich nicht. Rat der Wissenschaft, zweifellos.“

Der Mann antwortete steif: „ Ulbasar vom Ersten Wissenschaftsrat. Lord Kjem , Sie sind verhaftet.“

„Benutzen Sie lieber Worte, das macht niemanden misstrauisch. Vielleicht hätten Sie sich auch etwas intelligenter gekleidet.“

Ulbasar fuhr sich mit der Hand über das Revers seiner Jacke. „Aber es ist kalt. Wie hältst du es in diesem hellen Hemd aus?“

„Ganz einfach; ich trage lange Unterwäsche.“

„Nun, du bist offensichtlich schon viel länger hier als ich.“

„Ja“, sagte Kemper. „Ich bin schon eine ganze Weile hier.“

Mehrere Minuten lang sprachen sie nicht mehr. Vor ihnen drückten sich einige Mädchen gegen das Maschengitter, das die Gitterstäbe verstärkte, und beäugten eine pompöse kleine Ente. „Lass uns gehen“, sagte eines der Mädchen. „Diese Vögel sind zu ekelhaft. Ich meine, sie sind so hässlich!“

„Sie findet die Vögel hässlich", sagte Herr Kemper. Lachend wandte er sich an Ulbasar . „Nun, was halten Sie jetzt von dem aasfressenden kleinen Affen unseres Marschlandes?"

Ulbasar schüttelte den Kopf. „Unglaublich. Absolut unglaublich."

Herr Kemper sagte: „Sehen Sie sie sich an. Sie lachen über die Vögel, sie lachen über die Affen; ich habe sogar einige von ihnen gesehen, die über die Löwen lachen." Er musterte die Leute an den Bars, die verschwitzten Männer mit krummen Nasen, hängenden Bäuchen, kahlen Köpfen und behaarten Armen. Es gab Frauen in kurzen Hosen, graue Frauen, deren Beine zu furchterregenden, rollenden Gesäßbacken aufragten; Mädchen mit verschmierten Mündern und grobrasierten Beinen und Sandalen, die über ihre dicken, wackelnden Zehen geschnallt waren. „Die Weibchen sind unglaublich", sagte Kemper, „aber die Kinder sollte man sehen."

Er aß seinen Hotdog auf und wischte sich die Hände an seinem Taschentuch ab. „Nun, Ulbasar , wo sind die anderen?"

„Andere? Es gibt keine anderen. Ich bin alleine gekommen."

Kemper, den Blick auf die Leute am Käfig gerichtet, faltete langsam sein Taschentuch. Ohne Vorwarnung richtete er die volle Kraft seiner Gedankensonde auf den Mann neben ihm. Ulbasar taumelte und taumelte nach links, wobei er einen verzweifelten Block hinausschleuderte, der verächtlich beiseite geschoben wurde. Kemper streckte die Hand aus, ergriff seinen Arm und lockerte dann die Kraft der Sonde. „Lüg mich nicht an", sagte er leise. „Es wird mehr als einen von euch brauchen, um mich zur Rückkehr zu zwingen; das weißt du. Nun, wo sind die anderen?"

„Nur noch einer", sagte Ulbasar kopfschüttelnd. „Lord Gteris . Er ist auf dem Weg. Keiner der anderen war nah genug, um Kontakt aufzunehmen."

„Das ist besser. Also haben sie Gteris geschickt , was? Es ist lange her, dass Gteris und ich zusammen gejagt haben, sehr lange." Er schaute auf, als der Kondor auf der höchsten

Sitzstange seine Flügel ausbreitete und seinen Kopf in Richtung des Drahtgeflechtdachs des Käfigs neigte.

Worte kamen aus Ulbasar , der immer noch erschüttert aussah. „Die Adligen verlangten, dass Lord Gteris kommt. Der Wissenschaftsrat bestand darauf, dass nur unsere Männer sich darum kümmern, und sie sind ziemlich aufgeregt. Bei den Sitzungen kam es zu offenen Konflikten zwischen Adligen und Wissenschaftlern, und das Tribunal ist besorgt. Sie wollen, dass du zurückkommst, und sie wollen, dass du schnell zurückkommst.

Ulbasars Arm los .

„Die Wissenschaftler üben großen Druck auf das Tribunal aus. Sie haben das Gefühl, dass in der Zukunft jeder Augenblick, den Sie hier verbringen, eine Gefahr für uns darstellt. Sie sind besorgt über das Zeitmuster.“

„Das ist lächerlich. Wie kann ein Mann aus der Vergangenheit die Zukunft beeinflussen? Außerdem ist es nicht unsere Zukunft; sie gehört dem Affenvolk.“

„Ich weiß, aber das macht keinen Unterschied.“

„Ich war in ihren Bibliotheken. Es gibt keine Aufzeichnungen über uns, außer man zählt einige dumme Legenden über im Meer versinkende Kontinente mit.“ Er blickte auf einen Mann, der ein paar Meter entfernt eine Möwe mit Popcorn bewarf. Ein Stück Popcorn prallte vom Kopf der Möwe ab und der Mann lachte. Die Leute, die in der Nähe standen, lachten ebenfalls und der Mann warf noch mehr Popcorn auf. Seufzend blickte Kemper auf seine Armbanduhr. "Wann kommt er?"

„Ich weiß es nicht genau, und das ist die Wahrheit.“

Kemper dachte darüber nach. Es würde eine Weile dauern. Nachdem Gteris angekommen war, musste er sich mit wichtigen Dingen beschäftigen, zum Beispiel damit, sich die Sitten und Gebräuche dieser Ära anzueignen und sich die richtige Kleidung anzuschaffen. Er sagte: „Wenn er kommt , wirst du keine Probleme haben, mich zu finden. Ich werde das Gelände nicht verlassen; ich gebe mein Wort.“

„Das Wort eines Abtrünnigen und Flüchtigen?" Ulbasar war wieder er selbst.

„Das Wort eines Adligen", sagte Kemper und wandte sich kalt von ihm ab.

„Eines noch, Lord Kjem ", sagte Ulbasar . „Der Zeitriss . Wir haben den Befehl, mit dir entlang des Risses zurückzukehren, den du benutzt hast, und sicherzustellen, dass du ihn hinter uns verschließt. Ist er in der Nähe?"

„Das werde ich dir sagen, wenn ich muss", sagte Kemper, drehte sich dieses Mal komplett um und ging weg.

Ulbasar würde ihn genau im Auge behalten, das wusste er, bis Gteris kam. Dass sie ihn dazu bringen wollten, seinen Zeitriss zu schließen, ergab Sinn; Die Kluft war gefährlich für das Gesamtbild. Als er hastig gegangen war, hatte er sich mit seiner Gedankenmatrix einen Weg durch die Zeit gebahnt, wohl wissend, dass die Verfolgung schnell vonstatten gegangen wäre, wenn er einen der normalen Zeitpfade gewählt hätte. Der Riss, den er verursacht hatte, war offensichtlich, aber niemand außer ihm reagierte darauf. Andere könnten ihn jedoch dabei begleiten, wenn er voranging. Gteris und Ulbasar könnten mit ihm gehen und ihn, indem sie seinen Geist kontrollieren, dazu bringen, den Spalt hinter ihm zu schließen.

Also ging er zügig, wohlwissend, dass er in ungewisser Zeit viel zu tun hatte. Die Sonne stand höher und blass am glasigen Himmel. Zerzauste, gehetzt aussehende Menschen gingen an ihm vorbei, auf ihren Kleidern waren dunkle Schweißflecken, und mit ihnen waren verärgerte Kinder. Herr Kemper ging, und die Leute gingen an ihm vorbei, um über die Affen zu lachen, Steine nach den Bären zu werfen und den Leoparden „Kätzchen, Kätzchen, Kätzchen" zuzurufen.

An einem Stand gegenüber den Eisbären, in der Nähe des Nordflügels des Hauptgebäudes, hielt er an, um sich eine Tasse Kaffee zu holen, aber es gab keinen zu verkaufen, also kaufte er stattdessen einen Pappbecher mit einem grünen Getränk. Er nippte daran und beobachtete einen großen weißen Bären, der im Pool herumlungerte. Etwas abseits von ihm stritt sich ein junger Mann mit einem Jungen, der Zuckerwatte wollte. Von unten und zu ihrer Rechten ertönte ein leises Grollen. „Was ist das, Papa?" sagte der Junge. „Es sind nur die Löwen, die brüllen", antwortete sein Vater.

„Eigentlich brüllen sie nicht", sagte Herr Kemper. „Sie grunzen und räuspern sich."

Der Junge sah Herrn Kemper interessiert an, aber sein Vater runzelte die Stirn. „Für mich klingt es wie Brüllen", sagte er.

Herr Kemper lächelte den Jungen an. „Oh nein. Wenn die Löwen brüllen würden, könnte man nichts anderes hören. Es ist ein Geräusch, das man nie vergisst, ein Geräusch, das den Wind zerreißt und die Bäume mit Donner erschüttert."

„Das könnte ich vergessen, Mac", sagte der Kellner, stützte sich auf seine Ellbogen und zwinkerte dem Vater des Jungen zu.

„Ich möchte die Löwen brüllen hören", sagte der Junge.

„Um Himmels willen, was willst du? Entscheide dich: Willst du Löwen oder Zuckerwatte?" Der Vater des Jungen sah verärgert aus.

heute um drei Uhr zum Löwenkäfig gehen, werden Sie sie brüllen hören", sagte Herr Kemper.

Löwen hören wollte . Schließlich verschwanden alle, die mit Herrn Kemper gesprochen hatten, ziemlich plötzlich. Herr Kemper trank unverfroren aus seinem Pappbecher und dachte über den Zahn der Zeit nach.

Eine Frau und ein Mann kamen um die Ecke des Gebäudes, das den Eisbären zugewandt war. Die Frau hatte ein rotes Gesicht und ihre Stimme war dünn und krächzend. „Du willst nur auf diese verdammten Chips achten. Du würdest den ganzen Tag auf diese Chips schauen, wenn ich dich nicht von dort wegzerren würde. Chips, Chips, ich habe die Chips satt."

„Schimpansen", sagte Herr Kemper, als sie vorbeigingen. „Schimpansen, keine Chips. Schimpansen, meine Dame, mit einem ‚m' drin."

Der Kellner ging auf ihn zu, wischte die Theke mit einem feuchten Lappen ab und sagte: „Hör zu, Mac, was ist das mit den Löwen?"

Herr Kemper sah ihn an. „Oh, magst du Löwen?"

„Nun, es ist so", sagte der Schaltermann. Aber er hatte keine Chance, es zu beenden. Von der anderen Seite des Gebäudes ertönte ein tierischer Schmerzensschrei. Die Eisbären hoben ihre Köpfe. Mr. Kemper stellte sein noch nicht ausgetrunkenes Getränk auf die Theke und ging auf das Geräusch zu.

In dem hohen Käfig, in dem die Schimpansen untergebracht waren, schwang an der Ecke des Flügels ein Schimpanse heftig auf einem Trapez und beschimpfte einen anderen auf dem Käfigboden. Kemper sah, dass es sich bei dem einen auf dem Trapez um ein Weibchen und bei dem anderen um einen größeren, älteren Mann handelte. Der Mann, dessen Gesicht vor Wut grotesk wirkte, kletterte auf die Gitterstäbe und kam so nah wie möglich an das Trapez heran. Er blieb dort hängen und packte das Weibchen, als es gerade außerhalb seiner Reichweite vorbeischwang. Es waren nur wenige Menschen in der Nähe des Käfigs, aber die meisten lächelten. Einer von ihnen, ein schlaksiger, großer Mann, rannte umher und richtete eine Kamera zuerst auf das Weibchen, dann auf das Männchen. Eine schlanke Frau, möglicherweise seine Frau, stand dicht neben ihm. Sie legte ihre Hand auf seinen Arm. Als Kemper ihre Augen sah , trat er hinter die anderen und ging auf sie und den Mann mit der Kamera zu, wobei er eine Position etwas rechts von ihnen einnahm.

„Mach es noch einmal, Al", sagte die schlaksige Frau. „Machen Sie sie wieder wütend." Al schwitzte. Er lachte, blickte auf die Menschen um ihn herum, strich sich dann die schwarzen Haare aus der Stirn und reichte ihr die Kamera. „Okay, okay", sagte er. „Sie bekommen jetzt die Spritze und vermasseln es nicht." Er bewegte sich unzusammenhängend, wie eine Marionette, so nah wie möglich an den Käfig heran, direkt unter der Peripherie des schwingenden Bogens des Trapezes.

Er begann zu wackeln, sprang dann auf und ab und schnitt dem Weibchen Grimassen. „Chee, chee !" er hat angerufen. Er tanzte, machte lockere Kapriolen und schlug mit seinen langen Armen gegen seine Schenkel. „ Haaah , haaah , haaah ", schrie er. „ Haaah ! Aargh!"

Verärgert plapperte die Frau mit ihm. Als das Trapez den höchsten Punkt seines Bogens erreichte, sprang sie hoch, fing sich an den Gitterstäben des Käfigs auf und ließ sich dann hinunterfallen, bis sie sich nur noch wenige Fuß über dem hüpfenden Mann befand. Sie schrie ihn an und schlug mit einer Hand gegen eine Stange, und die Zuschauer lachten. Auf der gegenüberliegenden Seite des Käfigs ließ sich der männliche Schimpanse zu Boden fallen und huschte auf sie zu. Er blieb unter ihr stehen, hob die Arme und knurrte leise. Sie drehte sich knurrend um und begann die Stangen hochzuklettern. Mit einem letzten wilden Kreischen in Richtung des schreienden, tanzenden Mannes außerhalb des Käfigs sprang sie auf, gerade als die Finger des Mannes ihren Fuß berührten. Sie flog weit über seinen Kopf hinweg und fiel dann zu Boden. Er ließ sich fallen und rannte hinter ihr her. Sie kletterte gerade wieder auf das Trapez zu, als er sie erwischte. Er schlich sich hinein und gab ihr einen Schlag, dann kam es zu einem Kampf. Ein Schrei zerriss die Luft, als seine Zähne in ihre Schulter bohrten. Zu den Gerüchen von Popcorn, Schweiß und Zuckerwatte gesellte sich nun der Geruch von Blut.

Es herrschte Stille im Käfig und außerhalb, als das Weibchen vor dem gebeugten Männchen zurückwich. Unbehelligt kletterte sie langsam die Stangen hinauf und schwang sich zum Trapez, wo sie saß und sich mit einer Hand die blutende Schulter hielt. Auf dem Boden des Käfigs hob das Männchen beide Arme zu ihr.

Die Zuschauer atmeten wieder auf. "Hast du es verstanden?" sagte Al. „Hast du? Was für ein Schuss! Großartig, aber grandios!"

„Ich habe es verstanden, Al, ich habe es verstanden!" sagte seine Frau mit leuchtenden Augen.

Mr. Kemper grinste Al an und schüttelte bewundernd den Kopf. „Sagen Sie, das war eine ziemliche Leistung." Al atmete immer noch schwer, strich sich die Haare aus den Augen und erwiderte das Grinsen.

„Oh, Al ist großartig", sagte seine Frau. „Du solltest ihn irgendwann auf einer Party sehen."

Herr Kemper sagte: „Er hat auf jeden Fall Talent."

„Ah, es ist nichts", sagte Al. „Nichts dagegen, Kumpel. Bist du sicher, dass du diese Spritzen hast, Baby?"

Als Herr Kemper näher kam, senkte er seine Stimme. „Hören Sie, möchten Sie ein paar wirklich tolle Aufnahmen machen? Aufnahmen, an die Sie sich Ihr ganzes Leben lang erinnern würden?"

Al sah ihn an. „Ja. Aufnahmen von was?"

„Seien Sie um drei Uhr am Löwenkäfig. Eine solche Chance werden Sie nie wieder haben, glauben Sie mir."

„Sicher, sicher, aber Aufnahmen von was, Freund?"

Also neigte Mr. Kemper den Kopf und flüsterte ihm etwas zu, und dabei sah er, wie das Leuchten tief in Al's Augen begann und zu den blassen Oberflächen anschwoll. Aber Al's Augen leuchteten nicht so wie die seiner Frau . Und nach einer Weile verließ Herr Kemper sie und den Käfig, der bis auf das langsame Knarren des Trapezes still war.

Nachdem er auf seine Uhr geschaut hatte, ging Herr Kemper schneller. Die Sonne versank am klebrigen Himmel und es wehte nur ein schwacher Wind. Und die nächste Stunde lang war Herr Kemper hier, dort und überall. Wenn ein paar kleine Jungen das Nashorn anbrüllten, dann war Herr Kemper da, lächelte und nickte. Als eine Gruppe von College-Studenten schmutzige Witze über die Paviane machte, war auch Mr. Kemper da und sagte schließlich etwas, das alle dazu brachte, ihn anzustarren.

Er war allgegenwärtig. Er war bei den Leuten, die ihren Hals nach den Giraffen reckten, und bei denen, die über die schlanken Seelöwen lachten, die in ihren engen Trögen umherschossen. Er war mit einer Familie zusammen und beobachtete die Anakondas, die in grünen Kabinen hingen; er war am Bisonpferch; Er sah das Krokodil, den Yak und den Blessbock.

Und immer, wo immer er war, hatte er ein paar Worte über die Löwen zu sagen. Und die Zeit verging.

Es war genau drei Uhr, als er wieder oben auf der Treppe über dem Löwenhof stand. Vor den Käfigen drängten und drängten sich viele Menschen, eine laute Menschenmenge, die die Löwen nervös machte. Sie waren jetzt wach und gingen in ihren Zellen auf und ab, und die Leoparden waren wach, und die Jaguare. Im mittleren Käfig legte der Löwe mit der Streifenmähne seinen Kopf auf den Boden und hustete. Hinter ihm wartete die Löwin angespannt. Der Löwe legte eine Pfote um eine der Stangen und einige der Leute klatschten in die Hände. Andere pfiffen; mehrere schauten auf ihre Uhren. Kemper, der wieder zu lächeln begann, beobachtete die Menge. Da waren Al, seine Kamera und seine Frau, in der Nähe des mittleren Käfigs. Die beiden Jungen im Teenageralter waren in ihrer Nähe. Der kleine Junge und sein Vater waren da und viele andere, über deren Anblick sich Herr Kemper freute. Mit auf dem Rücken verschränkten Händen stand er da und blickte auf sie herab. Plötzlich spürte er, wie mächtige Bindungen seinen Geist umschlossen.

Als er sich langsam umdrehte, sah er Ulbasar , einen großen Mann an seiner Seite, den Hügel hinunter auf ihn zukommen. Sie blieben vor ihm stehen, ihre Gesichter waren dunkel in der Sonne. „Hier ist er", sagte Ulbasar . Der große Mann zu seiner Linken grüßte einen Adligen mit einem anderen. „Herr Kjem ", sagte er. Herr Kemper gab das Schild zurück und sagte: „Lord Gteris ."

Gteris sagte: „Ich hasse es, das zu tun; das weißt du. Wir waren einmal Freunde. Ich hoffe, du wirst nicht versuchen, Widerstand zu leisten."

„Ich habe Ulbasar gesagt , dass ich es nicht tun würde. Zusammen seid ihr wesentlich stärker als ich. Ich wäre ein Narr, wenn ich irgendetwas versuchen würde."

„Das ist klug von dir", sagte Gteris . „Jetzt kommen wir zur Sache. Ulbasar sagt, du würdest ihm den Ort deines Zeitrisses nicht verraten. Stimmt das?"

„Sicherlich. Antwortet ein Adliger einem Wissenschaftler? Aber natürlich sage ich es dir, Gteris . Der Zeitriss ist dort unten, hinter der Hecke gegenüber dem Löwenkäfig."

Alle Anzeichen von Freundlichkeit waren aus Gteris' Gesicht verschwunden. Er drehte sich um und gab Befehle. „ Ulbasar , du hast ihn gehört. Geh dorthin und schau, ob er die Wahrheit sagt. Ich werde ihn bewachen. Und die Gedankenblockade festhalten."

Ulbasar nickte und ging die Stufen hinunter. Mr. Kemper testete den Schraubstock, der gegen seinen Geist drückte; es hat viel zu gut gehalten. Gteris sah ihn vorwurfsvoll an. „Wirklich, Kjem , Ihr Verhalten ist für einen Adligen unwürdig. Wenn Sie jemanden ermorden mussten, warum musste es dann ein Wissenschaftler sein ? "

„Wissen Sie, ich bereue nichts davon", sagte Herr Kemper und beobachtete, wie Ulbasar sich der Menge bei den Käfigen näherte. „Sag mir, wie läuft die Jagd zu Hause?"

„Nicht schlecht; ich habe vor einiger Zeit ein paar schöne Falken bekommen. Ich wünschte immer noch, ich könnte mit Katzen genauso umgehen wie Sie, anstatt – was ist los mit dieser Menschenmenge vor dem Käfig da unten?"

Herr Kemper sagte: „Es ist nach drei Uhr."

Unter ihnen drängte sich ein großer Mann durch die Menge auf Ulbasar zu und rief: „Da ist der Typ, der mir gesagt hat, dass ich hier sein soll! Da ist der Betrüger!" Ulbasar zögerte, sah sich um und blieb stehen. Der große Mann packte Ulbasar an der Schulter und tippte ihm mit dem Finger auf die Brust. Die Menge bewegte sich auf sie zu.

Gteris sagte: „Er ist in Schwierigkeiten."

„Er ist im Moment so gut wie tot", sagte Kemper.

Gteris starrte auf die Menge und dann auf Kemper. Schnell schoss er einen warnenden Gedanken zu Ulbasar , der ihn auffing. Während er das tat, ließ der Druck etwas von Kempers Geist nach. Es war genug. Kemper schlug gegen Gteris ' Block vor. Sie standen da und ihre Gedanken drehten sich im Kampf. Als Ulbasar dann von der Menge eingeengt wurde, ließ seine

Unterstützung nach und Gteris kämpfte allein. Langsam, aber unaufhaltsam wurde er zurück und hinaus gezwungen, und Kempers Gedanken wurden frei. Gteris ' Gesicht war eingefallen. „Gute Götter, Kjem !" er sagte. „Schau dir Ulbasar an !"

„Du kannst ihm immer noch helfen. Ich halte dich nicht fest."

Gteris blickte ihn wild an, dann rannte er los, wobei er jeweils zwei Stufen auf einmal hinuntersprang. Er rannte auf die Menge zu und begann, Ulbasar anzuschreien . Kemper sah die Konzentration in seinem Gesicht und wusste, dass er versuchte, die Menge zu kontrollieren. In diesem Moment schloss Herr Kemper die Augen.

Zuerst schloss er die Welt um sich herum aus: Die trübe Sonne auf seinen Ohren, die Gerüche von staubigem Sommer und Popcorn, die Geräusche des kleinen Windes und der Menschen. In der Schwärze seines Geistes sah er den Löwenhof; jede Stange des Käfigs und die gelben Löwen darin; die Menge und die beiden dunklen Männer. Dann machte er ein Bild von den Gitterstäben, die sich oben und unten am Käfig lockerten, und wie der gesamte Teil der Käfigvorderseite schwerfällig zur Seite rutschte.

Nirgendwo war ein Ton zu hören. Dann ertönte unter ihm das Klirren von Stahl auf Beton, und danach das Schreien, und über allem ertönte, das Gebrüll und das widerhallende Klirren in den Schatten stellend, ein Brüllen, das den Wind zerriss und die Bäume mit Donner erschütterte.

Mit immer noch geschlossenen Augen öffnete Kemper nacheinander die Vorderseiten aller Käfige. Danach konzentrierte er sich ganz darauf, die Löwen zu leiten. Er gab Ulbasar einen schnellen Tod . Gteris zeichnete er für einen besonderen Gefallen aus; Er schickte den Löwen mit der Streifenmähne auf ihn. Als der Löwe sich duckte, stand Gteris regungslos da und bedeckte sein Gesicht mit den Händen. "Stehe und kämpfe!" schrie Kemper. „Stirb wenigstens wie ein Adliger!" Aber Gteris rührte sich nicht, und der Löwe sprang. Kemper lachte, die alte Aufregung der Jagd stieg in ihm auf, als er die Katzen aufspringen und kratzen ließ. Er sorgte dafür, dass einige wenige Affenmenschen sehr langsam starben. In der Ferne heulte eine Sirene.

Kemper hörte das Rauschen hinter und über sich nicht. Als er das tat, rief er verzweifelt die Löwen zu sich. Er schaute zu den Kondoren hinauf, die wie Wurfspeere umherschossen, und hinter ihnen zu den Adlern. Und er wusste, warum Gteris , der Kondor- und Adlerjäger, nicht versucht hatte, die Löwen aufzuhalten. Dann zerschmetterten die Kondore.

Der Löwe mit der Streifenmähne kam zu ihm, aber es war zu spät. Mr. Kemper lag sterbend in der kalten Sonne und hatte den Geruch von Löwenstaub in seiner Kehle.